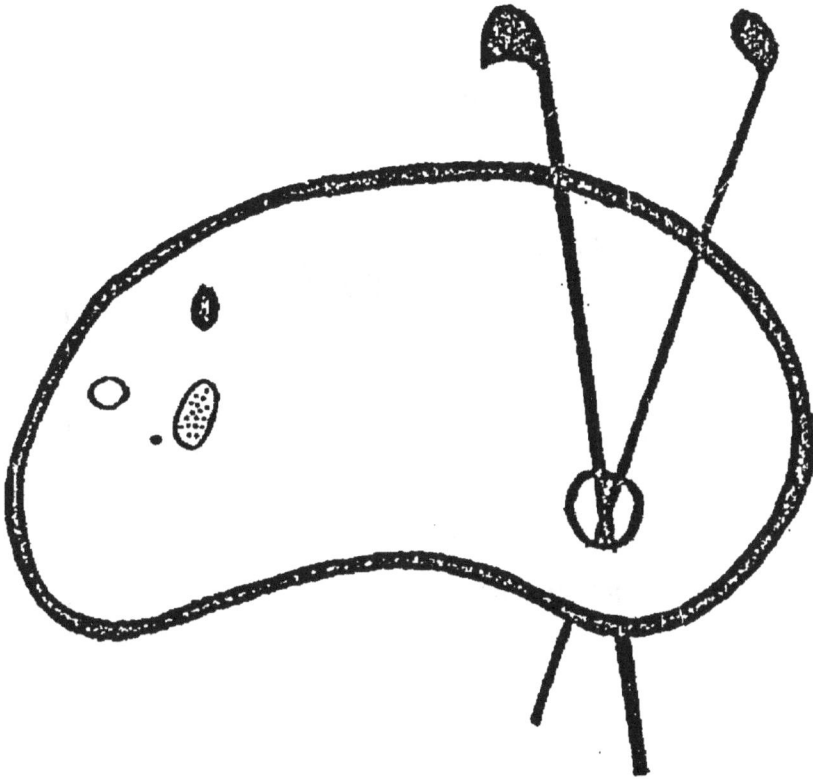

COUVERTURE SUPERIEURE ET INFERIEURE
EN COULEUR

BIBLIOTHÈQUE DE LA JEUNESSE CHRÉTIENNE

SÉRIE PETIT IN-12

LA FÊTE

DE

SAINTE AMÉLIE

SUIVI DE

LE GATEAU DES ROIS — LA PANTOUFLE — KALIBAN

PAR

FRÉDÉRIC KOENIG

TOURS

ALFRED MAME ET FILS, ÉDITEURS

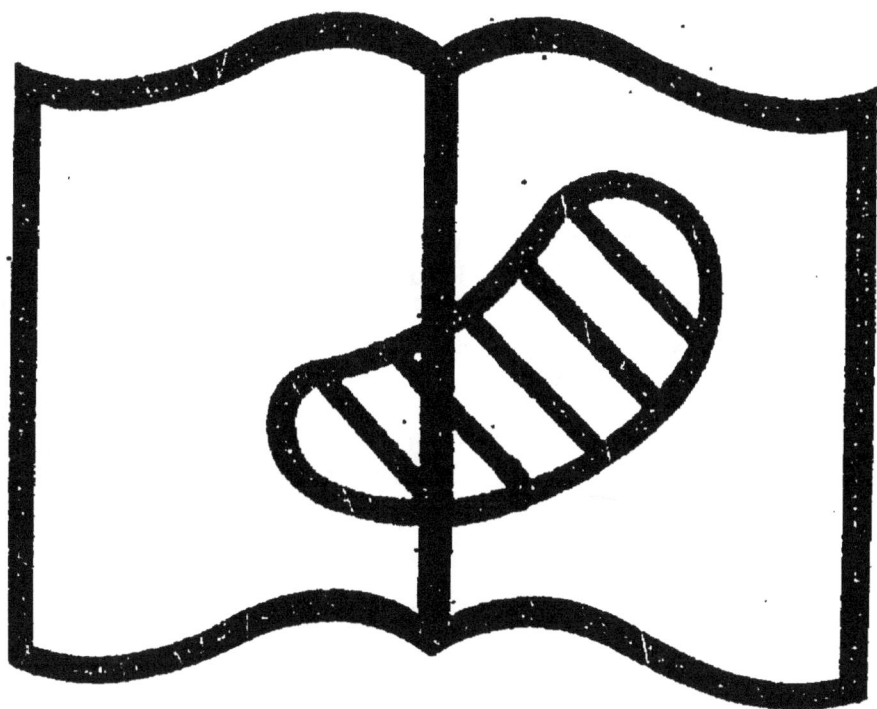

Illisibilité partielle

BIBLIOTHÈQUE DE LA JEUNESSE CHRÉTIENNE

SÉRIE PETIT IN-12

BIBLIOTHÈQUE

DE LA

JEUNESSE CHRÉTIENNE

APPROUVÉE

PAR Mgr L'ARCHEVÊQUE DE TOURS

———

SÉRIE PETIT IN-12

La Fête de sainte Amélie.   1

LA FÊTE

DE

SAINTE AMÉLIE

SUIVI DE

LE GATEAU DES ROIS
LA PANTOUFLE — KALIBAN

PAR

FRÉDÉRIC KŒNIG

TOURS

ALFRED MAME ET FILS, ÉDITEURS

—

1877

LA FÊTE

DE

SAINTE AMÉLIE

———

Mme Guérin était, à soixante-six ans, une femme remarquable par sa vivacité, sa bonne humeur et une santé florissante, qui lui eût permis de se donner facilement

dix ans de moins, si elle avait eu le ridicule de bien des femmes qui, ne pouvant
se résoudre à vieillir, cherchent à dissimu-
ler aux autres et peut-être à elles-mêmes
leur âge véritable. Elle était veuve depuis
dix ans; la perte de son mari avait été le
plus grand chagrin de sa vie, et elle ne
parlait jamais de *son cher défunt* sans verser encore une larme d'attendrissement.
Mais, comme elle le disait elle-même,
Dieu lui avait réservé dans son malheur
de grandes consolations, en lui donnant
des enfants et des petits-enfants, qui étaient
tout à la fois le charme et l'appui de sa
vieillesse. En effet, ses enfants, au nombre
de trois, un fils et deux filles, tous ma-
riés, tous ayant des rejetons, formaient
à la veuve une nombreuse famille, dans
laquelle régnait la plus parfaite union, et

dont tous les membres, depuis le plus petit jusqu'au plus grand, semblaient rivaliser de soins, d'attachement, de respect envers la bonne maman Guérin.

Comme toutes les grand'mamans, Mme Guérin aimait ses petits-enfants avec une tendresse peut-être exagérée. Son plus grand bonheur était de les voir réunis autour d'elle, de causer avec les plus grands, de jouer avec les plus jeunes, et de faire pour tous ce qu'elle pouvait imaginer de plus agréable. Ces réunions étaient aussi des jours de fête pour les enfants, mais trop rares à leur gré ; car elles ne pouvaient avoir lieu que les dimanches et les jeudis, les autres jours de la semaine étant occupés par les classes et les autres exigences du pensionnat ou du collége.

Un des moyens d'amusement qu'avait imaginés Mme Guérin, et qui plaisait le plus à ses petits-enfants, était de leur raconter quelque histoire fictive ou réelle, quelque anecdote intéressante, sous le voile desquelles se cachait toujours une leçon morale, qui ne manquait jamais de frapper l'imagination de ses jeunes auditeurs.

Ce sont quelqües-uns de ces récits que nous avons réunis dans ce volume. Si, comme nous l'espérons, ils réussissent à plaire à nos jeunes lecteurs, nous les ferons suivre d'autres du même genre, puisés à la même source.

Le premier qui se présente sous notre plume est celui que nous avons intitulé : *Le Gâteau des Rois ;* mais, avant de le reproduire, il est nécessaire de faire connaître à quelle occasion la bonne maman raconta à ses petits-enfants cette aventure, dans laquelle elle avait joué elle-même un rôle.

Mme Guérin se nommait Amélie. Sa fête, qui tombe le 5 janvier, veille de l'Épiphanie, était célébrée chaque année par la famille avec une pompe et un entrain joyeux. Au repas qu'elle donnait pour payer sa fête, on tirait le gâteau des Rois, et cette coïncidence ajoutait encore à la gaieté et à l'animation générales.

Or donc, le 4 janvier dernier, les petits-enfants, accompagnés de leurs papas et de leurs mamans, étaient venus, selon l'usage, souhaiter la fête à la grand'mère. Les plus âgés de la bande joyeuse étaient un garçon de dix-huit ans nommé Paul,

élève de rhétorique au lycée Charlemagne,
et une jeune personne de seize ans, filleule
de sa grand'mère, et nommée comme elle
Amélie. Elle était pensionnaire à l'insti-
tution de Mme Baudrillet, rue Culture-
Sainte-Catherine. Puis venaient une autre
jeune fille de quinze ans, Mlle Adeline ;
deux garçons de douze à quatorze, Jules
et Lucien ; deux petites filles de huit à
dix, Berthe et Félicie ; un petit garçon de
six ans, passablement éveillé et qui se
nommait Adolphe ; enfin, deux bébés, garçon et fille, de trois à quatre ans, que
nous ne citerons que pour mémoire : en
tout dix enfants, tous frères, sœurs, cou-
sins et cousines.

Paul, le rhétoricien, avait composé pour
la circonstance une petite scène dialoguée,
dans laquelle chacun des enfants, à l'excep-

tion des deux bébés, avait à remplir un rôle fort court, qui se terminait par un petit compliment adressé à bonne maman en lui offrant un bouquet.

Nous n'oserions pas affirmer que la composition du jeune lycéen fût sans défaut ; mais ce qui est certain, c'est qu'elle fut trouvée charmante, admirable, par celle à qui elle s'adressait. Elle récompensa l'auteur par un tendre baiser, puis les acteurs et actrices reçurent l'un après l'autre les mêmes caresses.

Après la première émotion passée, Mme Guérin chargea Amélie et Adeline de ranger les bouquets qu'elle venait de recevoir sur la console placée entre les croisées du salon. Les deux jeunes filles s'empressèrent d'obéir à leur grand'mère ; mais à peine étaient-elles entrées au salon, qu'elles en ressortirent en tenant toujours les bouquets, et Amélie dit à Mme Guérin :

« Bonne maman, veuillez nous indiquer un autre endroit pour mettre nos fleurs ; la place est prise sur la console par un gigantesque gâteau de Savoie, escorté de deux énormes bouquets, dont chacun est plus gros à lui seul que tous les nôtres ensemble.

— Il paraît, bonne maman, ajouta Adeline, que nous ne sommes pas les premiers à vous souhaiter une bonne fête, comme nous l'espérions ; fort heureusement que nous n'avons pas eu l'idée de vous offrir des bouquets de la taille de ceux que nous venons de voir, ils auraient encombré le salon, si toutefois il avait pu les contenir »

A peine eurent-ils entendu Amélie et
Adeline, que les autres enfants se préci-
pitèrent dans le salon pour voir ce gâteau
phénoménal et ces bouquets *monstres*.

Pendant ce temps-là, la bonne maman souriait en parlant tout bas à sa bru
et à ses gendres. Bientôt les enfants ren-
trèrent en poussant des exclamations de
surprise. « C'est prodigieux! disait Lucien.
— C'est merveilleux! criait Berthe. —
Bah! vous trouvez? dit l'espiègle Adolphe;
moi je trouve que cela ressemble à l'é-
talage d'une bouquetière du marché aux
fleurs !

— Adolphe a raison, reprit Paul; c'est
une confusion et une profusion de fleurs
entassées au hasard et sans goût : cela ne
mérite pas le nom de bouquets.

— Qui donc, bonne maman, demanda

Jules en souriant, vous a fait ce joli cadeau? »

Et tous les visages des autres enfants, tournés vers leur grand'mère, l'interrogeaient du regard, et semblaient lui adresser la même question que Jules.

« Cela vous intrigue, mes enfants, dit Mᵐᵉ Guérin en souriant avec finesse; cependant, ajouta-t-elle d'un ton plus sérieux, avant de vous répondre, je dois vous faire observer que ces bouquets ne méritent pas le ton dédaigneux avec lequel vous en parlez. Ils ne brillent pas, sans doute, par le choix des fleurs ni par le goût qui a présidé à leur arrangement; mais ils me sont offerts par des cœurs loyaux et pleins d'excellents sentiments, et à ce titre je les ai acceptés avec un véritable plaisir, je dirai plus, avec reconnaissance. Aussi, lorsque je vous aurai fait connaître les braves gens qui m'ont donné aujourd'hui cette marque de souvenir et d'affection, je suis persuadée que vous quitterez cet air de mépris que vous montrez pour leur cadeau.

— Oh ! bonne maman, s'écria le petit Adolphe, je vous assure que je ne le méprise pas du tout, surtout le gâteau de Savoie, que j'aime beaucoup, oh ! beaucoup !

— Tu n'as pas besoin de tant l'affirmer, reprit Lucien ; chacun sait combien tu es gourmand ; mais tout cela ne nous apprend pas le nom des braves gens qu'allait nous dire bonne maman si tu ne l'avais pas interrompue.

— Ce nom ne vous apprendrait rien, reprit Mme Guérin; car vous ne les connaissez pas, et ne les avez jamais vus.

— Ah ! il y a donc un mystère ?

— Non, il n'y a pas le moindre mystère ; il y a seulement une histoire.

— Ah ! une histoire ! une histoire ! Contez-nous-la, bonne maman, s'écrièrent tous les enfants.

— Je le veux bien ; mais auparavant, Paul, toi qui es le plus grand, tu vas prendre le gâteau de Savoie, tu le porteras avec précaution à Françoise, et tu lui diras de le serrer dans l'office. Pendant ce temps-là, ces demoiselles remplaceront le gâteau sur la console par une partie de vos bouquets, et elles mettront le reste dans les vases qui sont sur la cheminée du salon. »

Ces ordres de la bonne maman furent exécutés en quelques minutes ; puis, quand

tous les enfants furent réunis autour d'elle,
elle commença en ces termes l'histoire
qu'elle leur avait annoncée.

———

LE
GATEAU DES ROIS

———◆◆◆◆———

Il y aura demain juste cinquante ans ;
nous célébrions chez mon père la fête des
Rois ; la réunion ne se composait que des
membres de la famille, et comptait douze
convives. Le repas fut des plus gais , et
cependant il paraisssait bien long à mes
cousines, à mon frère et à moi, qui étions
bien jeunes alors ; car moi, qui étais l'aî-

née, j'avais à peu près l'âge d'Adeline, c'est-à-dire quinze à seize ans. Ce qui causait notre impatience, c'était l'attente du gâteau traditionnel.

Enfin, après le second service, la bonne apporta sur un plateau l'immense pièce de pâtisserie si longtemps convoitée.

Mon père en fit quatorze parts, et ce fut à ma petite cousine Caroline, comme étant la plus jeune, que revint l'honneur de désigner les personnes à qui chaque portion serait attribuée, selon la forme usitée en pareil cas, et que vous connaissez tous.

Les deux premières parts, comme c'est l'usage dans les familles chrétiennes, furent réservées pour les pauvres, sous la dénomination des parts de Dieu et de la sainte Vierge.

Quand tous les morceaux de la galette eurent été distribués, chacun s'empressa de chercher dans le sien si la fève lui était échue.

En vain les douze morceaux furent fouillés et scrupuleusement examinés, la fève ne fut trouvée dans aucun.

« Allons, dit gaiement mon père, il paraît que le bon Dieu s'est réservé de donner la royauté de notre festin à un de ses pauvres. Seulement il est fâcheux que nous n'en ayons pas un sous la main pour le proclamer roi et boire à sa santé.

— Il en faudrait même deux, observa ma tante Euphrasie en riant, car il y a deux morceaux et une seule fève; or, si le morceau qui en est privé venait à lui échoir, nous nous retrouverions dans le même embarras qu'à présent.

— Tu as raison, ma sœur, reprit mon père ; eh bien, si pour parer à cet inconvénient tu envoyais chercher les deux enfants de la concierge ?

— C'est une idée, reprit ma tante ; sans être tout à fait pauvres, ces gens-là sont loin d'être à leur aise, et je pense que cela leur fera plaisir. »

Elle appela aussitôt sa femme de chambre Justine, et la chargea de la commission.

Je ne sais pas comment celle-ci s'en acquitta ; mais ce que je sais, c'est qu'elle remonta un instant après, et dit que la concierge avait accueilli l'invitation de fort mauvaise grâce, en répondant que ses enfants n'étaient pas des mendiants, pour recevoir la part des pauvres ; que d'ailleurs eux-mêmes tiraient le gâteau des

Rois en famille, et qu'ils n'avaient pas besoin pour en avoir leur part d'aller chez des étrangers. « En effet, ajouta Justine, il y a un grand dîner dans la chambre voisine de la loge, et il paraît que Mme la concierge reçoit aussi ce soir une nombreuse société. On voit bien qu'elle a eu ses étrennes du premier de l'an; car, il y a huit jours à peine, elle faisait bien maigre chère et n'avait pas même le moyen de mettre le pot au feu; elle était bien aise alors de recevoir le bouillon que Madame avait la bonté de lui envoyer, tandis qu'aujourd'hui...

— Assez, Justine, interrompit mon père d'un ton sévère; faites-nous trêve de vos réflexions, et occupez-vous de votre besogne sans vous mêler de ce que font les autres.

1*

—Nous n'aurons donc pas de roi ! s'é-
cria Caroline d'un petit air boudeur ; moi
qui me faisais une fête de crier : Le roi boit !
C'est bien ennuyeux, tout de même ! »

Nous partagions tous, mes cousines,
mon frère et moi, le désappointement de
Caroline.

« Ne pourrait-on pas, hasarda mon
frère, tirer au sort les deux parts réservées ? Ceux à qui elles écherraient se con-
tenteraient d'entr'ouvrir l'ourlet pour y
chercher la fève, et celui qui l'aurait trouvée serait proclamé roi ; à cela près, les
deux parts resteraient intactes.

—Je vois, mon cher Ernest, dit mon
père avec un sourire bienveillant, que
tu tiens à crier : Le roi boit ! et probablement Caroline, Sophie et Amélie sont du
même avis. Je ne veux pas, mes enfants,

vous priver de ce plaisir sans lequel, j'en conviens, la fête des Rois ne serait pas complète. Nous allons donc procéder au tirage de la royauté, non par le moyen indiqué par Ernest, mais d'après le mode que j'ai vu pratiquer toutes les fois que, par une cause quelconque, la fève du gâteau venait à manquer. Va, Ernest, demander à la cuisinière onze haricots de couleur et un seul blanc. On les mettra dans un sac ; Caroline les tirera l'un après l'autre, et les distribuera à chacun de nous : celui qui aura le haricot blanc sera proclamé roi. De cette manière, on ne touchera pas aux deux portions réservées. »

On applaudit à la proposition de mon père, et Ernest partit aussitôt pour aller chercher les modestes instruments d'une

élection royale. Déjà on trouvait qu'il
mettait beaucoup de temps à s'acquitter
de sa commission, quand un violent coup
de sonnette retentit à la porte d'entrée.
Justine s'empressa d'ouvrir. C'était la petite fille d'une pauvre veuve qui demeu-
rait au cinquième. Elle accourait, tout
effarée, dire que leur chambre était rem-
plie de fumée, qu'on entendait un grand
bruit dans la cheminée à laquelle commu-
niquait le tuyau de leur poêle, qui n'avait
pas été allumé de la journée; que sa mère,
qui était souffrante, l'envoyait prévenir
mon père, parce qu'elle pensait que cette
cheminée était celle de notre cuisine, et
qu'il pourrait bien y avoir un commen-
cement d'incendie.

La petite fille n'avait pas achevé de
parler qu'Ernest arriva, la figure bou-

leversée, en criant : « Papa, le feu! le feu ! » En même temps on entendait dans la rue des voix qui criaient : « Au feu ! au feu ! »

Il me serait impossible de vous peindre l'effroi, ou plutôt la terreur panique, que ce cri sinistre jeta parmi nous. En un instant tout le monde se leva de table, dans un désordre et dans une confusion inexprimables. Maman nous prit dans ses bras, mon frère et moi, et en nous serrant contre son sein elle s'écriait : « Ne me quittez pas, mes enfants, ne me quittez pas! » Ma tante Euphrasie s'évanouit; mon oncle Roussel courait, criait, gesticulait, comme s'il avait perdu la tête; mes cousines pleuraient, en s'efforçant de faire reprendre connaissance à leur mère.

Mon père seul conserva son sang-froid; en un instant il courut à la cuisine; puis il revint nous dire avec calme : « C'est un violent feu de cheminée ; mais cela n'offre aucun danger, et nous parviendrons facilement à l'éteindre. »

Cependant nous entendions le ronflement produit par le courant d'air qui s'engouffrait dans la cheminée incendiée ; une forte odeur de suie brûlée était répandue dans toute la maison, et nous apercevions les étincelles et les flammèches qui tombaient en pluie de feu dans la rue. Ce spectacle augmentait notre frayeur, que ne pouvaient calmer les paroles rassurantes de papa.

« Sois donc raisonnable, disait-il à ma mère ; je te répète que la cheminée est bonne et que le feu ne peut se com-

muniquer par là à aucune partie de la
maison; si ce n'était la crainte d'aug-
menter votre frayeur, je laisserais tran-
quillement le feu brûler tant qu'il voudrait
la suie qui engorge cette cheminée, et il
s'éteindrait bientôt quand il manquerait
d'aliment. Mais j'ai envoyé chercher les
pompiers, et en attendant leur arrivée
j'ai fait prévenir mon fumiste Jomini de
venir à l'instant même pour prendre les
mesures les plus urgentes. »

En ce moment Justine, qui était allée
chercher le fumiste, rentra avec un petit
garçon d'une douzaine d'années, vêtu
comme les ramoneurs.

« Monsieur, dit-elle à mon père, M. Jomini est allé souper en ville avec ses amis;
je n'ai trouvé chez lui que ce petit bonhomme. Je ne voulais pas l'amener; mais

quand il a su qu'il s'agissait d'un feu de
cheminée, il a voulu venir en disant :
« Ça me connaît, et je me charge de l'é-
teindre.

—·Et comment pourrais-tu tout seul
entreprendre une pareille besogne, mon
pauvre garçon? dit mon père d'un air
incrédule.

— Tout seul, non, je ne pourrais pas ;
mais si l'on veut m'aider et faire ce que
je dirai, ce sera bientôt fait.

— Allons, essayons, dit mon père.
Viens avec moi, petit. »

Le ramoneur suivit mon père à la cuisine. L'incendie était en ce moment
dans toute son intensité. La chaleur suf-
focante qui sortait du foyer permettait à
peine d'en approcher. L'enfant s'avança
cependant jusque sous le manteau de la

cheminée, et là il jeta sur le foyer un
paquet de soufre en poudre qu'il avait dans
sa poche ; presque aussitôt l'intensité du
feu se ralentit. En même temps on en-
toura le manteau de la cheminée de cou-
vertures de laine mouillées, de manière
à intercepter le courant d'air. Pendant ce
temps-là l'enfant mouilla des torchons et
une botte de paille, dont il fit un tampon
assez volumineux, avec lequel il parvint
à boucher hermétiquement le tuyau de
la cheminée.

« Maintenant, dit-il, il n'y a plus de
danger ; il faut voir à présent aux autres
étages. » Et il monta chez la veuve, qui
avait été forcée d'abandonner sa chambre,
où elle eût été asphyxiée.

Le petit bonhomme démonta le tuyau
du poêle, boucha avec un tampon le trou

de communication avec la cheminée, et
ouvrit la porte et les fenêtres pour renouveler l'air de la chambre. De là il grimpa
sur le toit, et parvint jusqu'à l'extrémité
de la cheminée, dont il reconnut que la
solidité n'avait point été altérée par l'incendie. Il redescendit dans le grenier; là
il remarqua qu'une poutre, qui était ap-
puyée contre le mur contigu à la cheminée, commençait à prendre feu. Il y versa
aussitôt plusieurs seaux d'eau, que les
personnes qui l'avaient accompagné te-
naient à sa disposition; puis il redescendit, assurant à mon père qu'il n'y avait
plus le moindre danger.

En ce moment arrivait une escouade
de pompiers commandée par un caporal.
« Il paraît, dit ce dernier en entrant, que
tout est terminé? tant mieux, j'aime mieux

ça ! » Mon père lui rendit compte de ce qui s'était passé ; puis le caporal, suivi de ses hommes, alla visiter la cheminée, le foyer, les mansardes, le grenier, etc.

Après avoir tout examiné scrupuleusement, il fit compliment au jeune ramoneur de l'intelligence qu'il avait montrée, et lui dit en riant : « Camarade, quand tu seras plus grand, il faudra t'engager dans notre corps ; tu es digne d'être un sapeur-pompier : je te garantis que tu auras de l'avancement.

— Oh ! Monsieur, repartit l'enfant, j'aime mieux prévenir les incendies que de les éteindre.

— Monsieur, dit le caporal à mon père, nous n'avons rien à faire ici maintenant ; ce jeune homme nous a épargné une besogne qui n'eût peut-être pas été si facile ;

car si l'incendie n'eût pas été arrêté à temps, la poutre du grenier pouvait s'enflammer tout à fait et communiquer le feu à la charpente de la toiture. A présent il n'y a plus de danger; mais je vous engage à ne pas allumer de feu dans cette cheminée avant d'avoir isolé la poutre du grenier, de manière qu'elle n'ait désormais aucun contact avec le corps de la cheminée. »

Mon père répondit que dès le lendemain il s'en occuperait; puis il conduisit les pompiers à l'office, où il leur fit servir des rafraîchissements.

« Est-ce que tu ne fais pas rafraîchir aussi ce petit ramoneur qui nous a été si utile? lui demanda ma mère.

— Oh! je ne l'oublie pas, dit mon père en riant; mais ce n'est pas à l'office que je veux le faire asseoir. Allons, mes amis, remettons-nous à table, et achevons notre dîner si malencontreusement interrompu par cette chaude alerte. Nous avons trouvé deux personnages pour recevoir les parts réservées du gâteau : notre apprenti fumiste, et la petite fille qui est venue la première nous donner l'alarme ; allons savoir lequel des deux aura la fève. »

Chacun reprit sa place en se serrant un peu, afin d'en réserver deux pour les nouveaux convives. Il fallut les attendre un peu, parce que la veuve, en apprenant l'intention de mon père, avait absolument voulu mettre sa belle robe à sa fille, et, de son côté, ma mère avait chargé Justine de débarbouiller le petit ramoneur, et de lui donner une chemise et une veste de mon frère Ernest, qui n'était guère plus grand que lui.

Enfin Justine amena les deux enfants, et les fit asseoir au bout de la table, à côté l'un de l'autre. La petite fille, qui nous connaissait tous, n'avait nullement l'air embarrassé; mais le petit garçon n'osait pas lever les yeux et était rouge comme une cerise. Mon père, pour le mettre à son aise, lui dit avec bonté :

« Comment t'appelles-tu, mon petit ami?

— Jacques Thiébaut, balbutia l'enfant presque à voix basse.

— Et de quel pays es-tu? réponds un peu plus haut, que nous t'entendions tous.

— Je suis de Sallanches, dans la haute Savoie.

— Y a-t-il longtemps, mon petit Jacques, que tu as quitté ton pays?

— Il y aura trois ans à Pâques qui vient; mais il n'y a que deux ans que je suis à Paris.

— Mais tu n'es pas depuis ce temps-là chez M. Jomini; car je ne t'ai pas vu encore parmi les ouvriers et les apprentis qu'il envoie ici quand j'ai besoin de son ministère?

— Je n'y suis que depuis quatre jours; mais je ne dois y rester que pendant l'absence de mon maître, qui est allé faire un voyage.

— Ah! comme cela tu n'es pas attaché au service de M. Jomini?

— Non, Monsieur, fit-il en poussant un soupir.

— Est-ce que tu désirerais rester avec lui?

— Je le désirerais beaucoup; malheureusement cela ne se peut pas, parce qu'il
me trouve trop faible, et mon ancien
maître ne veut pas me garder pour la
même raison, et il cherche à me placer
chez un de ses confrères; en attendant,
il m'a mis à l'essai chez M. Jomini.

— Ne te tourmente pas, mon enfant,
nous tâcherons d'arranger l'affaire : je
m'en charge. En attendant, prends ce
morceau de gâteau, et toi, fillette, prends
l'autre. Bien. Maintenant, ouvrez-les
tous les deux par le rebord. »

A mesure que mon père parlait, les
deux enfants exécutaient ce qu'il leur
prescrivait, et aux derniers mots qu'il
prononça, la fève tomba du bord du gâteau dans l'assiette de Jacques.

Une exclamation bruyante se fit entendre aussitôt parmi nous. Ernest criait à tue-tête : « Vive le roi Jacques! A la santé du roi Jacques! »

Le pauvre enfant, tout étourdi de ce tapage, restait bouche béante, regardant tour à tour mon frère et son morceau de gâteau qu'il tenait à la main.

« Allons, manges-en une bouchée, dit Ernest, et bois un coup, afin que nous puissions crier : Le roi boit!

— Laisse-le tranquille, dit ma mère; tu vois bien que tu l'ahuris avec tes cris. D'ailleurs ce n'est pas par le gâteau que l'on commence un repas; et comme ces enfants n'ont probablement pas encore soupé, qu'on leur serve quelque chose de plus substantiel avant leur gâteau. »

Elle fit apporter quelques-uns des plats qu'on avait desservis, et couvrit leur assiette de débris de volaille et d'autre viande.

La petite fille se mit aussitôt à manger de bon appétit. Jacques mangea aussi avec avidité quelques morceaux de pain ; mais il ne touchait pas aux mets et aux friandises qui étaient devant lui.

Ma mère, pensant que cet enfant était gêné par l'attention dont il était l'objet, nous fit signe de ne plus avoir l'air de nous occuper de lui ; puis, pour mieux détourner cette attention, elle proposa de chanter à la ronde quelques couplets. C'était encore l'usage à cette époque-là, dans quelques familles bourgeoises, de chanter au dessert, et mes parents avaient conservé cet usage. Ma tante Euphrasie commença, et chacun continua à son tour sans se faire prier. On arriva ainsi jusqu'au petit Savoyard. Il paraissait beaucoup plus à son aise qu'en se mettant à table; il avait même pris part à l'hilarité qu'avaient plusieurs fois excitée les chanteurs; seulement ma mère, qui l'observait du coin de l'œil, avait remarqué qu'il avait continué à manger son pain sec, sans goûter à ce qui était sur son assiette; mais elle ne lui avait fait aucune observation. Quand mon frère, qui se trouvait à sa droite, eut terminé son couplet, ma mère dit au petit ramoneur : « Allons, Jacques, à ton tour maintenant : chante-nous ta chanson.

— Madame, je n'en sais point.

— Comment! pas même celle que chantent les petits ramoneurs quand ils ont grimpé dans une cheminée et qu'ils sont parvenus tout en haut?

— Oh! pardon, Madame, je sais bien
celle-là; mais c'est une chanson de travail, ce n'est pas une chanson de table.

— Qu'importe! je t'assure qu'elle nous
fera le plus grand plaisir à tous.

— Oui, oui, dirent en chœur tous les
convives.

— Mais auparavant, dit Ernest, il faut
boire un coup pour te donner du cou-
rage. » Et il lui versa du vin dans son
verre.

A peine Jacques l'eut-il porté à ses
lèvres, qu'Ernest s'écria : « Le roi boit! »
et nous répétâmes tous le même cri.

L'enfant avala quelques gorgées; puis
d'une voix un peu criarde il entonna sa
chanson, que nous couvrîmes d'applaudissements, quoique nous n'en eussions
pas compris un seul mot, si ce n'est ce

refrain connu : *Ramonez ci, ramonez là,
la cheminée du haut en bas !*

Nos applaudissements l'avaient mis en bonne humeur, et il nous offrit de chanter encore une ronde savoyarde, qu'il accompagnerait des pas et des gestes appropriés à cette sorte de danse.

« Volontiers, lui dit ma mère ; seulement je veux qu'auparavant tu achèves ton dîner, afin de te donner des forces.

— Merci, Madame, je ne mangerai pas davantage.

— Mais tu n'as pas seulement goûté à ce qu'on a servi sur ton assiette, et tu n'as mangé qu'un morceau de pain sec. »

Ici Jacques baissa les yeux en rougissant d'un air confus.

« Est-ce que tu n'aimes pas le pâté ni la volaille qu'on t'a donnés?

— Oh! si, Madame, je les aimerais bien, mais...» Et l'enfant se mit à pleurer.

« Qu'as-tu donc? lui dit ma mère avec bonté. Est-ce qu'on t'a fait, est-ce qu'on t'a dit quelque chose qui t'ait chagriné?

— Oh! non, Madame. » Et il continuait de verser des larmes.

« Ceci n'est pas naturel, dit ma mère en s'adressant à la société; je veux savoir ce qui cause l'affliction de ce pauvre petit.» Puis, s'adressant à Jacques, elle lui dit : « Viens avec moi dans ma chambre; je veux te montrer quelque chose. »

Elle prit l'enfant par la main et sortit avec lui. Un instant après, elle rentra seule, et nous dit d'une voix émue : «Savez-vous ce qui fait pleurer ce pauvre enfant? J'ai eu bien de la peine à lui arracher son secret, et quand il me l'a fait connaître,

je n'ai pu moi-même retenir mes larmes.
Voici ce qu'il m'a dit : « Quand j'ai vu
les bonnes choses que l'on m'avait servies
sur mon assiette, je n'ai pu m'empêcher
de penser qu'en ce jour et à ce moment
ma pauvre mère et mes pauvres petites
sœurs n'avaient pour fêter les Rois qu'un
morceau de pain noir et quelques châ-
taignes, et peut-être pas même assez pour
satisfaire leur appétit; alors j'ai senti mon
cœur se serrer, et je me suis dit : Puisque
je ne peux pas les faire participer à la
bonne aubaine qui m'arrive, je ne veux
pas en profiter; ces bons morceaux me
sembleraient amers. Je me contenterai de
ce bon pain blanc qui serait déjà pour
elles un excellent régal, et je boirai à
leur santé un coup de ce bon vin, tandis
qu'elles ne boivent que de l'eau. Voilà

pourquoi je n'ai pas voulu goûter aux mets que vous avez eu la bonté de m'offrir. Pardonnez, Madame, si j'ai manqué de politesse.

« — Oh! oui, lui ai-je dit en l'embrassant, non-seulement je te pardonne, mais je t'admire pour ton bon cœur et ton attachement à ta mère et à tes sœurs. » Puis, comme il avait encore les yeux rouges et qu'il était très-ému, je lui ai dit de rester un instant dans ma chambre pour se calmer et essuyer ses yeux. »

Ce récit de ma mère fit une profonde impression sur nous tous, et lorsque Jacques rentra dans la salle à manger, ce fut à qui lui ferait l'accueil le plus sympathique.

« Écoute, mon petit ami, lui dit mon père, tu as raison de ne pas vouloir man-

ger de friandises en pensant que ta mère
et tes sœurs manquent peut-être du nécessaire; mais si tu étais sûr que dans
quelques jours elles recevront une part de
ces bonnes choses que l'on t'a offertes,
consentirais-tu alors à en manger?

— Comment! fit-il d'un air étonné;
est-ce qu'elles pourraient recevoir cela?

— Tu me donneras exactement le nom
de ta mère, ainsi que celui du village où
elle demeure; et je me charge de lui faire
parvenir avant huit jours un petit ballot
dans lequel nous mettrons quelques objets
de vêtements chauds pour ta mère et tes
sœurs, et dans le fond un pâté en tout
semblable à celui dont on t'a donné une
tranche. Ce sont leurs étrennes que tu
seras censé leur envoyer; nous pourrons
y joindre, si cela te convient, tout ou

partie de l'argent que j'ai intention de te donner pour le service que tu nous as rendu ce soir en éteignant le feu de cheminée de notre cuisine.

— Oh! cela me conviendrait bien, Monsieur, si cela était possible que vous envoyiez tout cet argent à ma mère; malheureusement cela ne se peut pas.

— Et pourquoi cela ne se peut-il pas?

— Parce que cet argent ne m'appartient pas; je ne suis qu'apprenti, et l'argent que je gagne appartient à mon patron. Ainsi, s'il est dû quelque chose pour le travail que j'ai fait ce soir chez vous, cela revient à M. Jomini, qui est en ce moment mon patron, et non pas à moi. »

Ce trait de délicatesse mit le comble à l'intérêt que nous inspirait le petit Jacques.

« Bien, répondit mon père; je me charge d'arranger cette affaire-là avec M. Jomini. En dehors de ce qui lui revient pour le travail d'un de ses ouvriers ou apprentis, il ne saurait trouver mauvais que j'ajoute une gratification en faveur de cet ouvrier ou apprenti dont j'aurais sujet d'être content.

— Puisque vous voulez bien parler pour moi à M. Jomini, auriez-vous la bonté de lui demander de me garder définitivement? Je ferais tous mes efforts pour le satisfaire.

— Je te le promets, et même j'ai bon espoir de réussir. Allons, maintenant que tout est arrangé, que tu es sûr que ta mère et tes sœurs auront leur part de ton repas de ce soir, tu ne vas plus faire de difficulté de manger ce que l'on t'a

servi : c'est la condition que je mets à
l'exécution de mes promesses. »

Jacques, pour toute réponse, se remit
à table, et mangea de bon appétit et de
tout ce que ma mère lui offrit. Il se mon-
tra fort gai pendant le reste du repas, et
il avalait bravement son verre aux cris
de *le roi boit!* que poussait Ernest avec
un entrain assourdissant.

Le reste de la soirée se passa gaiement sans autre incident.

Le lendemain, mon père vit M. Jomini,
qui lui rendit un excellent témoignage
sur petit Jacques et sa famille, qu'il connaissait d'ancienne date. Il se décida, à
la prière de mon père, à le conserver
pour apprenti, quoiqu'il n'en eût pas
besoin pour le moment et qu'il le trou-
vât physiquement trop faible. Mais mon

père n'eut pas de peine à lui faire entendre qu'avec l'âge et une nourriture
convenable cet enfant acquerrait bientôt
des forces suffisantes pour son travail,
et qu'en attendant, l'intelligence dont il
paraissait doué suppléerait à sa faiblesse
actuelle.

Le même jour, ma mère et moi nous
nous occupâmes de l'envoi destiné à la
mère de Jacques; ce fut moi qui fus chargée d'écrire la lettre au nom de celui-ci,
car le pauvre garçon ne savait ni lire ni
écrire. Quinze jours après, il reçut de sa
mère une lettre contenant toutes sortes
de remercîments et de bénédictions adres-
sés aux personnes charitables qui vou-
laient bien s'intéresser à son cher enfant.

Depuis ce moment-là, Jacques n'a plus
quitté la maison de M. Jomini. D'ap-

prenti il devint ouvrier, puis contre-
maître, et enfin, lorsque M. Jomini voulut se retirer des affaires, il lui céda son
établissement. A cette occasion, mon
père, qui n'avait jamais perdu de vue ce
brave garçon, et qui avait toujours trouvé
en lui un ouvrier honnête, laborieux et
très-capable, lui fit quelques avances de
fonds pour faciliter ce marché. Il est inu-
tile de dire qu'il nous témoigna toujours
la plus vive reconnaissance.

Il venait souvent à la maison, soit pour
quelques travaux de sa profession, soit
pour s'entretenir de ses affaires avec mon
père ou avec mon mari, qui était associé
avec mon père. Dans ses visites, il eut
occasion de renouveler connaissance avec
Henriette, la petite fille de la pauvre
veuve, qui était venue nous annoncer

l'incendie pendant que nous étions occupés à tirer les Rois. Depuis ce jour ma
mère avait pris soin de la bonne femme,
et moi je m'étais chargée de l'instruction
de la petite fille.

.Trois ans après, la pauvre veuve
mourut, à peu près à l'époque de mon
mariage; je pris alors Henriette à mon
service en qualité de femme de chambre,
et elle y est restée jusqu'à ce que Jacques
Thiébaut, ayant, comme je viens de le
dire, renouvelé connaissance avec elle,
lui proposa de l'épouser. Henriette me
demanda conseil, et je n'eus garde de la
détourner d'un mariage qui me paraissait
en tout point on ne peut mieux assorti.

Cette union a été, en effet, on ne peut
plus heureuse. Leur établissement a pros-
péré, et est devenu un des plus impor-

tants de Paris. Depuis cinq à six ans il est tenu par leurs enfants, mais toujours sous la haute direction du père Jacques. Cependant celui-ci habite ordinairement avec sa femme une jolie propriété qu'ils possèdent à Saint-Germain, et ils viennent seulement de temps en temps passer quelques jours auprès de leurs enfants, soit pendant les fêtes de Noël, soit à carnaval.

Autrefois, dans les commencements de leur mariage, ils ne manquaient jamais de venir me souhaiter ma fête. Mais depuis que j'eus quitté le quartier, à la suite de cette funeste année qui m'enleva presque coup sur coup mon père, ma mère et mon mari, je n'ai plus revu les époux Thiébaut qu'à de longs intervalles et à des époques indéterminées.

Aujourd'hui, en venant me souhaiter ma fête, Jacques m'a rappelé que c'était au petit événement arrivé à pareil jour, il y a cinquante ans, qu'il avait dû ses rapports avec ma famille, rapports qui avaient été la cause de sa fortune, en même temps qu'il avait vu pour la première fois celle qui devait un jour être sa femme, et adoucir pour lui, en les partageant, les peines et les travaux de sa longue existence.

La vue de ces braves gens a réveillé en moi tout un monde de souvenirs. Hélas! de tous les membres de ma famille qui assistaient à cette fête, je suis la seule survivante, avec ces deux étrangers que le hasard avait fait asseoir à notre banquet. Mais écartons ces tristes pensées; d'ailleurs ce ne sont pas celles-là que

j'ai eu l'intention de faire naître dans
votre esprit en vous racontant cette histoire; car qu'y a-t-il d'étonnant à ce que,
sur douze personnes faisant partie d'une
réunion, onze aient cessé de vivre au
bout d'un demi-siècle? Mais ce que j'ai
voulu vous montrer, mes enfants, comme
un exemple salutaire, c'est un petit garçon de votre âge, et même plus jeune
que plusieurs d'entre vous, qui s'est fait
remarquer de bonne heure par une tendresse filiale pleine de délicatesse, en
même temps que par une probité scru-
puleuse, et s'est ainsi attiré l'estime et
la sympathie des personnes avec lesquelles il s'est trouvé en rapport. La suite de
sa vie n'a pas démenti cet heureux dé-
but, et aujourd'hui qu'il touche à la
vieillesse, la considération et l'estime de

ses concitoyens, l'amour de ses enfants et une fortune honorable couronnent en lui une existence toute de probité, de travail, et d'accomplissement des devoirs de l'honnête homme et du chrétien. »

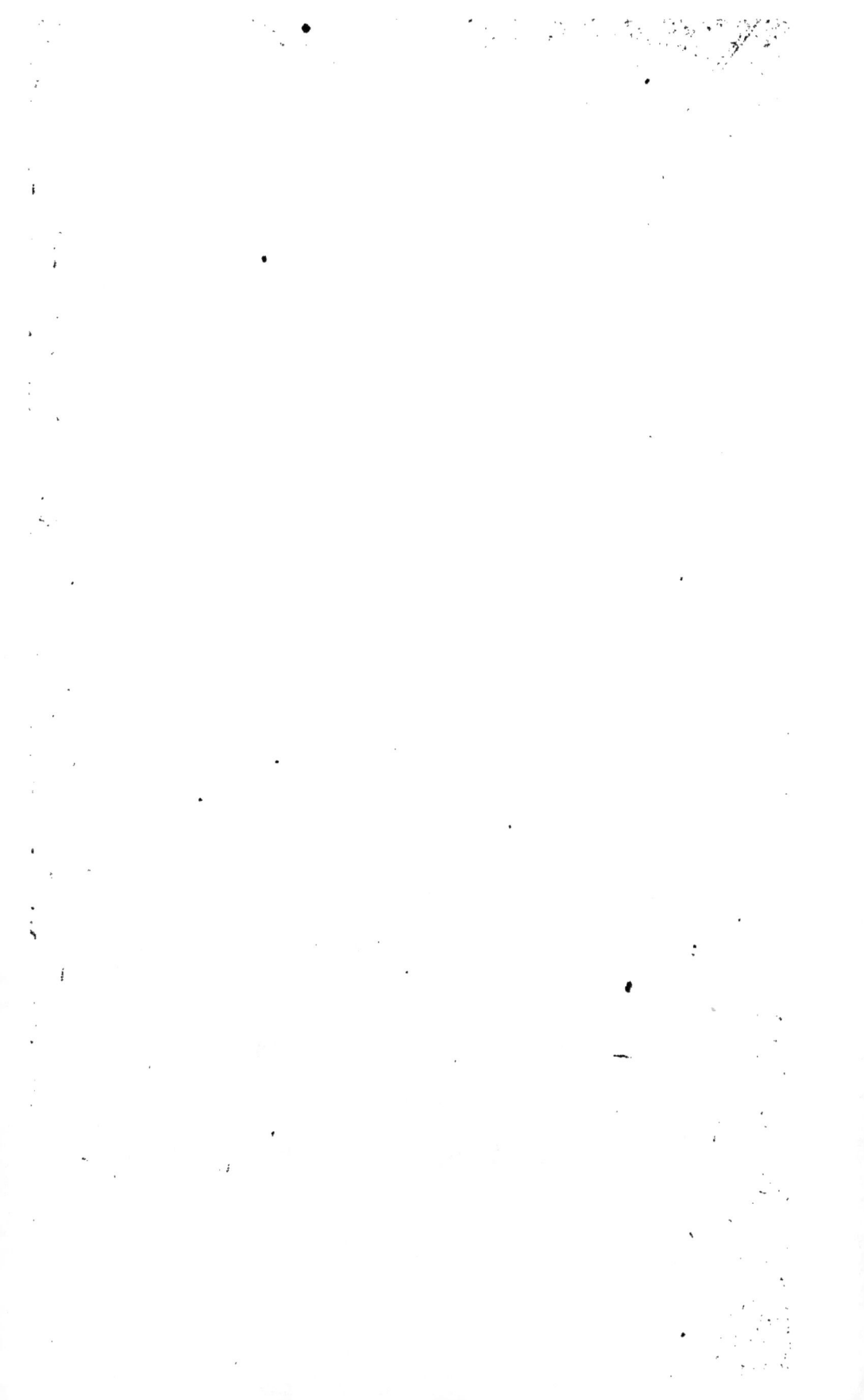

LA PANTOUFLE

Un jour que les petits-enfants de Mᵐᵉ Guérin étaient réunis chez elle comme de coutume, elle s'aperçut que sa gentille petite Adeline, ordinairement si gaie, si rieuse, était toute triste, et même que ses yeux étaient rouges comme si elle venait de pleurer.

« Qu'as-tu donc, mon enfant? dit sa grand'mère avec bonté, en l'attirant auprès d'elle et en l'embrassant tendre-

2*

ment; tu as du chagrin, je le vois; conte-
moi cela, ma petite.

— Oh! oui, bonne maman, fit Adeline
en poussant un profond soupir; je suis
on ne peut plus contrariée. Vous savez
que c'est dans trois jours la fête de papa;
vous savez aussi que je lui brodais pour
ce jour-là une paire de pantoufles que
vous avez vues et que vous trouviez fort
jolies. Une de ces pantoufles était achevée
depuis plus de quinze jours; l'autre de-
mande seulement quelques heures de travail pour déterminer le fond, qui est tout
uni. Ce matin j'ai eu besoin de revoir la
première pour compter les points qui se
trouvent de chaque côté du bouquet;
mais je ne l'ai pas trouvée dans le panier
à ouvrage où je l'avais mise. Je l'ai cher-
chée partout; je l'ai demandée à Manette,

qui m'a répondu d'un ton de mauvaise humeur : « Est-ce que je sais où est votre pantoufle? vous ne me l'avez pas donnée à garder; d'ailleurs j'ai bien d'autres choses à faire qu'à m'occuper de vos chiffons et de vos broderies! Si vous étiez plus soigneuse, comme dit Mme votre mère, cela n'arriverait pas : vous occupe-riez une bonne rien qu'à vous seule pour ranger vos affaires. » J'avais bonne envie de répondre à cette insolence; mais je me suis contenue, parce que maman soutient cette fille, et que d'ailleurs cela ne m'aurait pas fait retrouver ma pan-toufle.

— Tu as bien fait de ne pas répondre à Manette quelque chose de désagréable : d'abord parce qu'il est de la dernière in-convenance à une jeune personne bien

élevée de se quereller avec une domes-
tique; ensuite parce que Manette ne s'est
point montrée insolente en te parlant
comme elle l'a fait. C'est une excellente
fille qui est depuis plus de vingt ans at-
tachée à la famille; elle t'a vue naître, et
elle a bien le droit de te faire des observations, surtout quand ces observations
sont justes, car tu ne peux pas le nier,
ma petite, si tu avais mis plus de soin à
serrer ta pantoufle, elle ne se serait pas
égarée.

— C'est vrai, ma bonne maman, dit
Adeline en baissant la tête; cela m'empê-
che pas que j'étais bien en colère contre
ma bonne, et cependant vous savez combien je l'aime; j'ai été même assez injuste
envers elle, je vous l'avoue, pour m'imaginer qu'elle m'avait caché ma pantoufle

pour me contrarier et me la faire chercher.

— C'était, en effet, une mauvaise pensée que tu avais là; mais tu l'as sans
doute rejetée promptement, en réfléchis-
sant que Manette était incapable de te
jouer un pareil tour?

— Oh! mon Dieu, je l'ai cru jusqu'au
moment où cette malheureuse pantoufle
fut retrouvée.

— Ah! tu l'as donc retrouvée? Mais
alors pourquoi tant te désoler?

— Hélas! oui, je l'ai retrouvée, mais
dans quel état! Demandez à mon frère
Paul, qui me l'a rapportée.

— Ça, c'est vrai, bonne maman, dit
Paul. Figurez-vous, continua-t-il avec
une certaine emphase, que je revenais
tout pensif du lycée, en repassant dans

ma mémoire le récit de Théramène, qu'on
nous apprend à déclamer, lorsque, arrivé
au détour de la rue, je suis tout à coup
assailli par un monstre *aux replis tor-
tueux*..., non, je veux dire par Black,
notre jeune chien, qui me témoignait la
bienvenue en bondissant, en jappant, en
cabriolant autour de moi. Il avait lâché,
pour venir à ma rencontre, un morceau
d'étoffe qu'il traînait dans le ruisseau ; il
courut le reprendre au moment où un
chiffonnier s'avançait, le crochet levé,
pour le mettre dans sa hotte. Je crus re-
connaître alors la pantoufle à laquelle
j'avais vu travailler Adeline. « Apporte à
ce maître, » criai-je à Black. Et l'animal
docile me remit la broderie dans la main,
mais souillée, déchirée en lambeaux (la
broderie, bien entendu, pas ma main).

Triste objet où d'un chien triomphe la fureur,
Et que méconnaîtrait l'œil même de ma sœur.

J'ai dit. Hein, est-ce bien cela?

— Oui; mais tu as l'air de te moquer de moi par la manière dont tu parles de ce qui me cause tant de chagrin. Si tu perdais le beau compliment en vers que tu as fait pour cette fête avec le joli dessin qui l'accompagne, tu en serais bien contrarié, et je t'assure que je partagerais sincèrement ta peine au lieu d'en rire.

—Je te jure, petite sœur, que je partage également la tienne; seulement le mal ne me semble pas irréparable, et, au lieu de t'affliger outre mesure, il faudrait aviser au moyen de remplacer la perte que tu as faite. Songe que tu as encore trois jours, et que dans trois jours on fait bien des choses.

— Mais je ne peux pas en trois jours faire une pantoufle qui m'a employé trois semaines de travail; à peine si ce temps-là me suffira pour achever celle qui n'est pas encore finie.

— En ce cas ne pourrais-tu pas trouver chez les marchands de canevas et de broderies une pantoufle en tout semblable à celle que Black a déchirée, et qui s'assortirait parfaitement avec celle qui te reste?

— Quand cela serait possible, ce dont je doute, crois-tu que je voudrais offrir à papa un ouvrage fait par une autre que par moi? S'il en était ainsi, il me serait facile de lui acheter des pantoufles bien plus belles que celles que je puis lui broder moi-même; mais je tiens à lui offrir l'ouvrage de mes mains. C'est là ce qui fait la valeur réelle de ces sortes de cadeaux. Toi, tu lui offriras des vers que tu as composés; crois-tu que si ces vers étaient faits par un étranger, ils auraient à ses yeux le même prix? Ma cousine Amélie, qui n'est que sa nièce, doit lui donner un charmant bouquet de fleurs artificielles fabriquées par elle, et qui rivalisent avec les fleurs naturelles; de mes petites cousines, Berthe et Félicie, l'une lui a fait un rond de serviette en perles, l'autre lui a brodé une cravate; et moi, sa fille, moi à qui il témoigne tant d'affection, je serais la seule à ne pouvoir lui présenter le moindre ouvrage travaillé par moi à son intention !

— Écoute, Adeline, dit Berthe, puisque tu tiens, comme de raison, à offrir à ton père quelque chose qui soit l'œuvre de tes mains, il me semble qu'à ta place je lui offrirais tout simplement l'unique pantoufle qui te reste, en racontant ingénument le tour que t'a joué ce maudit Black, et en annonçant que tu compléteras la paire le plus tôt qu'il te sera possible.

— Tiens, s'écria Paul, c'est une idée qui ne me paraît pas trop mauvaise; qu'en penses-tu, Amélie, toi qui es, dit-on, la raison même?

— Sans me croire plus raisonnable qu'une autre, dit Amélie, je trouve l'idée de Berthe excellente, et je conseille à Adeline de la suivre.

— Eh bien, moi, reprit vivement Adeline, je vous remercie de vos conseils; je me garderai bien d'en faire usage.

— Et pourquoi, ma fille? demanda avec douceur Mᵐᵉ Guérin.

— Mais, bonne maman, ne voyez-vous

pas que je me ferais moquer de moi en
racontant ma mésaventure? On ne manquerait pas de me dire : « Si tu avais
serré ton panier à ouvrage à la place où
il doit être, le chien n'aurait pas été
y fourrer son nez, et il ne t'aurait pas
abîmé ta pantoufle. » A cela je n'aurais
rien à répondre, parce que c'est la vérité.
Puis on ne manquerait pas d'ajouter :
« Voilà ce que c'est que de manquer
d'ordre, de ne pas être soigneuse, d'ou-
blier ce que l'on vous a dit tant de fois :
Avoir une place pour chaque chose, et
mettre chaque chose à sa place. »

— Eh! eh! eh! fit en riant la bonne
grand'mère, entre nous, ma fille, ce serait bien un peu la vérité.

— Oui, j'en conviens; mais ces véri-
tés-là, on n'aime pas à se les entendre

dire un jour de fête, quand tout le monde reçoit des compliments, et que l'on ne songe qu'à rire et à s'amuser.

— Oh! je te garantis, reprit Paul, que papa ne t'adressera pas un mot de reproche, surtout un pareil jour et en un pareil moment.

— Je ne dis pas lui, il est si bon; mais maman ne laissera pas échapper cette occasion de me donner une leçon devant tout le monde, afin, dira-t-elle, que je m'en souvienne mieux.

— Je te comprends, mon enfant, reprit Mme Guérin, je comprends l'embarras que tu éprouves à suivre soit l'idée de ton frère, soit celle de ta petite cousine Berthe; cependant il faut te décider à quelque chose. Voyons, quelle est ton idée à toi? que te proposes-tu de faire?

— Je n'en sais rien ; je suis dans l'embarras le plus cruel, et je ne vois aucun moyen d'en sortir. Oh ! je suis la plus malheureuse des créatures ! » Et elle se mit à pleurer.

« Non, mon enfant, dit sa grand'mère d'un ton calme et presque sévère, tu n'es pas la plus malheureuse, mais tu es la plus déraisonnable des petites filles que je connaisse. Réserve tes larmes pour des malheurs réels, et ne les prodigue pas pour un simple accident, résultat de ta négligence et de ton étourderie, et que d'ailleurs, avec un peu de réflexion, il serait si facile de réparer, au lieu de te lamenter comme tu le fais.

— Oh ! bonne maman, s'écria Adeline en essuyant ses larmes, est-ce que vous auriez un moyen de réparer le dégât que ce maudit Black a fait à ma pantoufle?

— Non, non, dit en souriant Mme Guérin, mon pouvoir ne va pas jusque-là;
mais je puis t'indiquer un moyen de remplacer avantageusement le cadeau que tu
te proposais de faire à ton père par un
autre qui sera également l'ouvrage de tes
mains, et qui lui fera au moins autant de
plaisir.

— Et je pourrais faire cet ouvrage
d'ici trois jours?

— Il ne te faudra que quelques heures
pour l'exécuter.

— Oh! bonne maman, je vous en prie,
dites-moi vite ce que c'est.

— Écoute : tu sais que ton père a l'ha-
bitude, lorsqu'il travaille à son bureau,
de suspendre sa montre à un clou enfoui
dans un des rayons du casier placé devant

lui, parce qu'il a besoin à chaque instant de savoir l'heure pour la régularité du service. Mais cette montre éprouve un balancement fatigant chaque fois que l'on retire ou que l'on replace les cartons du casier, et j'ai souvent entendu dire à ton père qu'il avait l'intention d'acheter un porte-montre pour remédier à cet inconvénient.

— C'est vrai, je le lui ai entendu dire aussi ; mais il a toujours oublié de le faire.

— Eh bien, mon enfant, tu peux réparer cet oubli. Rien n'est plus facile que de transformer en un joli porte-montre la pantoufle qui te reste. Pour cela, il s'agit simplement de retrancher de cette pantoufle tout ce qui est superflu, afin de lui donner la forme de l'objet nouveau auquel tu la destines, en ayant soin de conserver

dans le milieu le bouquet, qui est charmant, et sur lequel s'appuiera la boîte de
la montre. Ensuite tu doubleras ton canevas parderrière avec une feuille d'ouate
recouverte d'un morceau de soie rose,
verte ou bleue, formant un coussinet
moelleux qui empêchera, ou du moins
amortira toute espèce de choc. Puis tu
garniras les bords soit d'un petit ruban
de soie ruché, soit de chenilles assorties
à la couleur de ton bouquet, et formant
des enjolivures de fantaisie. Enfin, dans
le haut, tu fixeras une jolie agrafe dorée,
à laquelle la montre pourra être suspen-
due. Je suis persuadée que ton père sera
enchanté de ce cadeau, et que chaque
fois qu'il regardera l'heure à sa montre
il pensera à sa petite Adeline. Hein, que
dis-tu de mon idée?

— Oh ! bonne maman, elle est charmante, s'écria Adeline avec transport, et permettez-moi de vous embrasser pour vous en remercier. » Et, sans attendre la permission, elle sauta au cou de sa grand'mère, et lui fit les plus tendres caresses, que celle-ci lui rendit avec usure.

Tous les enfants approuvèrent l'idée de Mme Guérin ; et les cousines d'Adeline s'empressèrent de lui offrir leurs services pour en hâter l'exécution.

Mais au milieu des félicitations qu'on lui adressait, Adeline, avec cette mobilité de physionomie et d'impression qui la caractérisait, reprit tout à coup son air sérieux et désolé qu'elle avait en arrivant chez sa grand'mère.

« Eh bien ! qu'as-tu donc encore ? lui demanda Félicie ; te voilà redevenue triste comme un bonnet de nuit. Est-ce que l'idée de bonne maman ne te plaît déjà plus ?

— Oh ! bien au contraire ; plus j'y réfléchis, plus je la trouve parfaite; mais...

— Ah ! tu la trouves parfaite, et cependant il y a un mais : ces deux mots me semblent contradictoires.

— Non; je te répète que je trouve l'idée de bonne maman parfaite; seulement je réfléchis qu'elle ne m'épargnera pas les reproches que je redoute, car maman, qui sait bien que je brodais des pantoufles à papa, voudra savoir pourquoi je lui brode maintenant un porte-montre; il faudra alors lui tout raconter, et je serai vertement grondée. Ah ! s'il était possible de lui cacher cette ridicule histoire...

— Adeline, interrompit vivement

Mme Guérin, tu as là une mauvaise pensée que je te pardonnerais difficilement si je ne savais pas qu'elle vient de ta légèreté, de ton irréflexion, et non des véritables sentiments de ton cœur. Mes enfants, n'oubliez jamais qu'un enfant, et surtout une jeune fille, ne doit en aucune circonstance avoir rien de caché pour sa mère. Écoute-moi, ma petite Adeline, il ne faut pas que ta mère apprenne par d'autres que par toi ce qui est arrivé, ni attendre pour le lui dire qu'elle te fasse des questions en te voyant travailler à un autre ouvrage que celui que tu avais entrepris d'abord. Il faut que toi-même tu lui racontes tout, sincèrement, simplement, sans chercher à t'excuser ; il faut ensuite que tu lui demandes la permission de transformer la pantoufle qui te reste en un porte-montre, d'après l'idée que je t'en ai donnée; et j'exige expressément que tu ne commences ce travail qu'après avoir obtenu cette permission. Si tu suis exactement mes conseils, je te garantis d'avance que ta mère ne te grondera point et ne te dira rien de mortifiant ni de désagréable; tout au plus t'adressera-t-elle quelques observations maternelles pour t'engager à être plus soigneuse à l'avenir; encore t'épargnera-t-elle ces observations si tu les préviens en t'accusant toi-même de ton étourderie, et en protestant que ceci te servira de leçon pour l'avenir.

— Oh! si j'étais sûre que cela se passera ainsi...

— Eh bien, que ferais-tu?

— J'irais tout de suite trouver maman et lui faire ma confession.

—Excellente idée, mon enfant, et que
je t'engage à ne pas remettre d'une mi-
nute. Va trouver ta mère à l'instant même ;
elle doit être seule en ce moment dans sa
chambre : tu lui diras que c'est moi qui
t'envoie auprès d'elle. Quand tu auras
terminé tes confidences, ou ta confession,
comme tu dis, et que tu auras obtenu l'au-
torisation de travailler au porte-montre,
tu reviendras nous trouver, et alors nous
nous occuperons sérieusement de ton
nouvel ouvrage. »

Adeline se rendit aussitôt chez sa mère,
dont la chambre était située dans une
autre aile du bâtiment occupé par la
grand'maman Guérin.

« Bonne maman, dit le petit Adolphe
dès qu'Adeline fut sortie, si vous nous
racontiez une histoire en attendant que

ma sœur revienne? Il y a longtemps que vous ne nous en avez raconté une ; pas, je crois, depuis l'histoire de ce bon Jacques Thiébaut, le fumiste, qui aimait tant sa maman, qu'il ne voulait pas manger du pâté parce qu'elle n'avait que du pain noir.

— Mon ami, pourquoi veux-tu que je raconte une histoire pendant l'absence de ta sœur? Serais-tu bien aise, toi, si je profitais de ton absence pour faire un de ces récits que tu aimes tant à entendre? Nous attendrons donc le retour de ta sœur, qui, je l'espère, ne sera pas long, pour commencer l'histoire que je vous ai promise. »

Effectivement, peu d'instants après Adeline arriva. Il n'était pas nécessaire de lui demander si elle était satisfaite de son entrevue avec sa mère ; sa figure était radieuse, et elle s'écria en entrant : « Oh ! bonne maman, que vous aviez bien raison de me dire que ma petite maman ne me gronderait pas ! Elle a été si contente de la franchise de mes aveux, qu'elle m'a presque remerciée de ma confiance en elle. Bien sûr qu'une autre fois je n'hésiterai plus à lui tout avouer quand je commettrai quelque chose. Cela vous soulage et vous ôte en quelque sorte un poids de dessus les épaules. Et puis, que je vous dise, elle a été enchantée de l'idée du porte-montre. Elle veut me donner des perles pour mettre autour, et m'acheter elle-même toutes les fournitures dont j'aurai besoin. Oh ! que je suis contente ! que je suis contente !

— Tu vois, ma bonne petite, combien

tu avais tort de te désoler comme tu le faisais tout à l'heure. J'espère que tu retireras de ce petit événement plusieurs leçons utiles, entre autres celle-ci : que lorsqu'un événement fâcheux nous arrive, au lieu de se laisser abattre, de s'affliger outre mesure, il faut chercher avec soin tous les moyens de sortir d'embarras ; il faut mesurer tous les obstacles, examiner attentivement les ressources qui nous restent, et souvent alors Dieu nous découvre une voie que nous ne soupçonnions pas, et par laquelle nous arrivons au but d'une manière inattendue, et plus brillante que nous ne l'avions espéré avant l'accident.

« Vous trouverez un exemple de cette vérité dans l'histoire que je vais vous raconter, et qu'Adolphe attend avec tant d'impatience. »

KALIBAN

—➤◄—

J'ai connu, il y a une trentaine d'années, un peintre de grand mérite, nommé
Gaston Roger, qui était l'ami intime et
l'ancien camarade de classe de défunt votre
grand-père, mon époux bien-aimé, ajouta-t-elle en baissant la voix et en poussant un profond soupir. C'est lui qui a
fait nos deux portraits qui sont dans le
grand salon, et que les connaisseurs ad-

mirent comme une œuvre d'art des mieux réussies.

M. Roger, ou simplement Gaston, comme l'appelait mon mari, venait assez régulièrement tous les quinze jours dîner à la maison. C'était un homme fort gai, fort aimable, et qui nous amusait beaucoup par des récits d'anecdotes curieuses ou par des charges et des bouffonneries d'atelier. De toutes les anecdotes qu'il nous débitait avec une verve intarissable, j'ai conservé le souvenir de celle-ci, qui me divertit fort dans le temps, et dont il était lui-même le héros.

Lorsqu'il débutait dans la carrière d'artiste, Gaston avait fixé son domicile dans le haut de la rue Rochechouart, et au cinquième étage d'un grand hôtel habité par de nombreux locataires. Il occupait deux chambres, dont la plus grande lui servait d'atelier, et la plus petite de chambre à coucher.

La pièce principale, ou l'atelier, était éclairée par une grande croisée située au midi, et qui, placée à la hauteur des toits, n'avait devant elle aucune construction qui pût intercepter la lumière.

Là notre jeune artiste travaillait avec ardeur du matin au soir, ne descendant des hauteurs de son *empyrée*, pour me servir de son expression, que deux fois par jour, pour aller prendre ses repas dans quelque restaurant du voisinage, ou pour faire une promenade d'une demi-heure sur les boulevards extérieurs.

Déjà il avait fait quelques essais qui lui avaient assez bien réussi. Plusieurs portraits fort bien exécutés lui avaient donné

une certaine réputation dans le cercle res-
treint de ses amis et connaissances. En
dernier lieu, il avait fait admettre à l'exposition du Louvre deux petits tableaux
de chevalet représentant, l'un une *Tête de
vieillard*, l'autre des *Chanteurs ambu-
lants*, qui avaient été remarqués, et avaient
obtenu, je ne dirai pas les éloges, mais
les encouragements de la critique.

Ces premiers succès lui inspirèrent le
désir d'en obtenir d'autres plus sérieux.
Il résolut de travailler à une grande composition qui devait, selon lui, établir soli-
dement sa réputation. Il choisit pour son
sujet les *Adieux d'Hector et d'Andromaque*, au moment où le héros troyen se
dispose à aller combattre Ajax. Voici en
deux mots cette scène : Hector, armé pour
le combat, sort de son palais accompagné

d'Andromaque et de la nourrice, qui porte dans ses bras son fils Astyanax ; après avoir fait ses adieux à sa femme, le guerrier veut embrasser son fils ; mais l'enfant, effrayé à la vue de son casque étincelant et de la crinière ondoyante qui le surmonte, se rejette en pleurant sur le sein de sa nourrice ; alors le père ôte en souriant son casque, le dépose à terre, prend son fils dans ses mains, et le caresse en adressant une prière aux dieux.

Gaston travaillait sans relâche à son tableau depuis plus de six mois. L'ensemble était terminé, ainsi que la pose et les têtes des personnages ; il restait seulement à achever quelques draperies et quelques détails du fond ; mais on pouvait déjà parfaitement juger de l'œuvre et de l'effet qu'elle produirait.

Avant de mettre la dernière main à son tableau, Gaston voulut consulter deux artistes de ses amis, dont il connaissait la délicatesse de goût et la sûreté de jugement. Le premier, après un long examen, dit d'un ton calme à Gaston : « Sais-tu, mon ami, que tu as fait là tout simplement un admirable chef-d'œuvre.

— Allons, parle sérieusement, et ne te moque pas de moi.

— Je parle très-sérieusement. Tu sais que je ne m'enthousiasme pas facilement, et que je ne suis pas de ces gens qui s'extasient devant une croûte, uniquement pour plaire à l'ami qui les consulte. Je ne te dirai pas non plus que ton œuvre est sans défauts ; il y en a quelques-uns, mais qu'il est facile de faire disparaître. Je te les indiquerai, et quand tu auras fait ces retouches, ton tableau sera digne du premier maître dont tu as suivi l'école, et je puis affirmer que David lui - même n'aurait pas dédaigné de le signer.

— Tu crois donc, sans exagération, que ma toile ne fera pas mauvaise figure à l'exposition !

— Si je le crois ! mais je suis persuadé que si le jury n'est pas composé d'aveugles, tu auras la médaille d'honneur, et que le gouvernement achètera ton tableau dix, quinze, et peut-être vingt mille francs, et le placera honorablement au musée du Luxembourg. Mais, je te l'ai dit, il faut avant tout faire disparaître les quelques taches qui le déparent. » Et il se mit à lui indiquer les défauts qu'il avait remarqués.

Gaston écouta docilement ses observations, et promit d'en faire son profit.

A quelques jours de là son autre ami vint le visiter.

« Qu'est-ce cela ? s'écria-t-il en entrant et en jetant un coup d'œil rapide sur le tableau de Gaston ; quel singulier sujet es-tu allé choisir ?

— Mais, mon ami, ce sont les adieux d'Hector et d'Andromaque, un sujet tiré de l'Iliade ; je ne vois pas ce qu'il a de singulier.

— Mais, mon cher, est-ce qu'aujourd'hui un artiste qui se respecte va chercher ses sujets dans l'Iliade, dans l'Odyssée ou dans l'Énéide ? C'est vieux, c'est usé, c'est rococo, c'est classique, en un mot. Il n'y a plus que le romantique ou le réalisme qui plaisent aujourd'hui ; tout le reste est démodé.

— Allons, dit Gaston avec humeur,

mettons que j'ai mal choisi mon sujet;
mais vois toujours comment il est exécuté,
et dis-moi ce que tu en penses sous ce
rapport.

— Je le veux bien, dit son interlocu-
teur en ajustant son lorgnon à son œil, et
en se plaçant à différents point de vue
pour l'examiner. Il est bien difficile, disait-il tout en continuant son examen,
d'exécuter d'une manière convenable un
sujet mal choisi. Ces personnages ne manquent pas sans doute d'une certaine beauté
de convention; mais ce n'est pas la beauté
réelle, la beauté *nature,* comme on l'entend aujourd'hui. Ces figures sont froides,
elles manquent de vie et surtout de *chic*,
pour me servir de l'expression consacrée
aujourd'hui.

— Ainsi, à ton avis, dit Gaston, qui

ne savait encore s'il devait rire ou se fâcher des observations de son ami, tu penses que mon tableau n'aurait pas grand succès à l'exposition ?

— Je ne te conseille pas de le proposer, si tu ne veux pas t'exposer au désagrément d'éprouver un refus.

— Cependant Marcel, que tu connais (c'était le premier qui avait vu le tableau), et qui passe pour un homme de goût et d'un jugement sûr, a manifesté sur ce tableau une opinion diamétralement opposée à la tienne.

— Bah ! Marcel est un farceur ; est-ce que tu ne le connais pas ? Toujours calme et froid, il vous dit avec un aplomb imperturbable des choses dont il ne pense pas le premier mot. Du reste, moi je t'ai dit franchement ma façon de penser, comme on doit la dire à un ami auquel on s'intéresse, et que l'on voit avec peine faire fausse route. Certes, tu as du talent, je suis loin de le contester ; mais c'est précisément parce que tu es doué d'un talent réel que je voudrais, moi ton ami, te le voir employer d'une manière qui ne compromette pas ton avenir. J'espère que tu prendras en bonne part mes observations, et que nous n'en resterons pas moins bons amis. Au revoir, Gaston.

— Adieu, Théodore, » dit Gaston ; et il rentra chez lui en proie à une grande perplexité.

Lequel des deux dois-je croire, se disait-il. Marcel se serait-il, en effet, moqué de moi ? Théodore aurait-il raison ? Mais quel motif aurait eu Marcel d'en agir avec cette dissimulation ? D'ailleurs son jugement n'était-il pas appuyé par des raisons plausibles, palpables ? Ses critiques n'étaient-elles pas justes et fondées ? Après tout, je ne suis pas assez dépourvu de sentiment artistique pour me laisser aveugler au point de prendre des éloges ironiques pour une approbation réelle et sérieuse. Quant à Théodore, depuis qu'il s'est jeté corps et âme dans le parti de la nouvelle école, il ne rêve que romantisme et réalisme, et hors de là, selon lui, il n'y a pas de salut. Brave garçon, du reste ; mais je crains que sa nouvelle marotte n'ait faussé son jugement.

Le résultat des réflexions de Gaston sur les avis contraires des deux amis fut, comme cela arrive ordinairement, d'adopter celui qui flattait le plus son amour-propre. Il se mit donc résolûment à l'ouvrage, pour corriger son tableau, selon les indications de Marcel, bien décidé à poursuivre jusqu'au bout, sans consulter désormais personne.

On était alors dans les plus longs jours de l'été, au mois de juin. L'atelier de Gaston était, comme nous l'avons dit, exposé au midi. De onze heures du matin à trois heures du soir, la chaleur y était insupportable. Gaston avait en conséquence adopté une nouvelle distribution du temps pour son travail. Il se levait à trois heures et demie du matin, et restait à travailler dans son atelier depuis quatre heures jusqu'à onze. Il descendait alors pour son déjeuner ; puis il remontait dans sa chambre à coucher, qui, située au nord, était beaucoup plus fraîche que son atelier ; il se jetait alors sur son lit, et

3*

faisait la sieste jusqu'à quatre heures. Il se remettait ensuite pendant une heure ou deux à l'ouvrage, puis il faisait sa toilette, sortait pour dîner, et passait le reste de la soirée avec quelques amis à se promener sur les boulevards. Quelquefois même il lui arrivait de ne pas reprendre le pinceau de l'après-midi, et de se contenter de sa longue séance du matin.

Un jour qu'il n'était pas rentré de toute l'après-midi de la veille dans son atelier, au moment où il allait s'asseoir devant son tableau, il s'aperçut que quelques taches avaient été faites sur la toile, comme si on y eût appliqué au hasard un pinceau ou une brosse chargée de couleur. D'où pouvait provenir ce dégât? Il chercha en vain à se l'expliquer, tout en s'occupant à le réparer. Il sortit à son heure ordinaire, sans plus songer à cet incident.

Le lendemain matin, quand il voulut reprendre son ouvrage, quelle fut sa stupeur en voyant son tableau maculé de haut en bas, de droite à gauche, de coups de pinceau, comme si l'on avait voulu effacer son ouvrage !

Cette fois il n'y avait pas à hésiter; ceci avait évidemment été fait à dessein. Était-ce l'espièglerie d'un gamin? était-ce l'œuvre d'un ennemi? Que croire? que résoudre?

Gaston, plein d'anxiété, descendit rapidement chez la concierge, qui était chargée de faire son petit ménage de garçon, et qui s'acquittait ordinairement de cette besogne à l'heure où le peintre allait déjeuner. Il lui raconta ce qui lui était arrivé, et lui demanda si, quand elle faisait sa chambre, quelque enfant ne se serait pas introduit chez lui, ou si toute autre personne n'y avait pas pénétré.

Elle jura ses grands dieux que jamais personne ne l'accompagnait; que d'ailleurs il lui avait défendu d'entrer dans l'atelier, et qu'elle n'y avait pas mis les pieds depuis plus de quinze jours, quoiqu'il eût grand besoin d'être balayé.

Gaston remonta tristement à son atelier, et passa toute la matinée à réparer le nouveau dégât. Avant de sortir, il examina les murs et les cloisons de son atelier, pour s'assurer s'il n'y avait aucune porte, aucune issue secrète. On ne pouvait s'introduire par la croisée sans s'exposer à tomber d'un cinquième étage sur le pavé d'une cour; et d'ailleurs, qui au-

rait pu s'aviser de tenter une entreprise
aussi périlleuse pour le plaisir de venir
barbouiller un tableau? Il ne jugea donc
pas nécessaire de fermer la croisée, et il
se contenta de baisser le store, comme il
le faisait habituellement.

Le lendemain, rien de nouveau n'avait
eu lieu. Il trouva son tableau dans le
même état qu'il l'avait laissé la veille, ce
qui lui fit supposer que les mystifications
mystérieuses dont il avait été l'objet
avaient enfin cessé.

Le surlendemain, même absence de
toute trace de la présence d'un étranger
quelconque pendant la sortie du peintre.
Gaston, rassuré, se remit avec entrain
à son ouvrage, quoique l'esprit toujours
préoccupé de ce qui était arrivé et qu'il
ne pouvait s'expliquer. Parfois il était

tenté de croire qu'il avait été le jouet
d'une illusion ; mais bientôt il acquit
la preuve qu'il était victime d'un fait trop
réel.

Le matin du troisième jour, il trouva
sa palette toute barbouillée de couleurs
étendues pêle-mêle, et son tableau telle-
ment gâté par les coups de brosse et de
pinceau, que cette fois le dommage était
irréparable.

Le dépit, la colère de Gaston ne con-
nurent plus de bornes. Mais à qui s'en
prendre ? Était-ce un ennemi qui avait
voulu lui jouer ce tour abominable ? Mais il
ne se connaissait point d'ennemis. Était-ce
un rival de sa gloire ? Qui sait ? Peut-être
bien que ce Théodore qui avait tant dé-
nigré son tableau... ; mais le malheur
rend soupçonneux, et souvent injuste dans

les soupçons. N'importe, il en aura le cœur net, et dès aujourd'hui il connaîtra l'odieux ennemi de sa gloire, et il n'hésitera pas à lui infliger le châtiment qu'il mérite.

Sa résolution une fois arrêtée, il dispose tout pour l'exécution de sa vengeance. Il reste dans son atelier jusqu'à l'heure ordinaire, en sort comme pour aller déjeuner, puis remonte rapidement par un autre escalier, rentre dans son atelier, et, armé d'un revolver, il se blottit derrière des châssis et des toiles, d'où il peut tout voir sans être vu. Là il attend avec anxiété l'apparition de son ennemi. Ses yeux se fixent surtout du côté de la porte ; car il ne doute pas que c'est à l'aide d'une fausse clef que cet être malfaisant s'introduit furtivement chez lui.

Au bout d'une heure, qui lui a paru un siècle, il entend un léger bruit, mais c'est du côté de la fenêtre ; il arme son pistolet, et dirige son arme et ses regards de ce côté. Bientôt il aperçoit un long bras velu qui soulève le store ; une jambe également velue s'allonge en même temps, et bientôt un être aux formes bizarres s'élance et bondit au milieu de la chambre.

Gaston l'a aussitôt reconnu ; c'est un singe de la grande espèce, un orang-outang, nommé Kaliban, et qui appartient à un officier de marine logé en face de lui, dans l'autre corps de bâtiment. Il désarme son pistolet, le pose à côté de lui, et attend ce que va faire son nouvel hôte.

Le quadrumane, après avoir fait quelques gambades dans l'atelier, vient s'asseoir gravement sur le tabouret devant le tableau, prend la palette de la main gauche, un pinceau de la droite, et se met à barbouiller la toile avec les gestes les plus comiques et des poses dans lesquelles il cherche à imiter le peintre, qu'il a vu souvent travailler de la fenêtre en face.

Gaston, à cette vue, est d'abord saisi d'une forte envie de rire qu'il a toutes les peines du monde à réprimer. Puis une idée soudaine l'illumine ; il prend un crayon, et se met à dessiner le singe qui pose devant lui sans s'en douter.

Bref, loin de l'effaroucher, Gaston laissa venir Kaliban dans son atelier, jusqu'à ce qu'il eût suffisamment esquissé et ébauché le nouveau tableau dont cet événement lui avait donné l'idée. Lorsque ce tableau, qui avait pour titre *le Singe peintre*, fut terminé, il le présenta à l'exposition, où il eut un succès prodigieux. Son auteur obtint une médaille d'honneur, et la toile fut achetée dix mille francs par un prince russe.

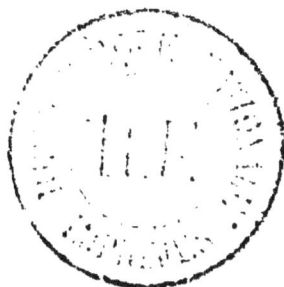

FIN

TABLE

7145. — TOURS, IMPR. NAME

www.ingramcontent.com/pod-product-compliance
Lightning Source LLC
Chambersburg PA
CBHW060624100426

42744CB00008B/1487